Vorlagen für kleine

Lern- und Merkbücher

Lena Morgenthau

ABC

malen, schreiben, lesen, falten

Verlag an der Ruhr

Impressum

Titel: **Vorlagen für kleine Lern- und Merkbücher – ABC**
malen, schreiben, lesen, falten

Autorin: Lena Morgenthau

Illustrationen: Anja Goossens

Druck: Druckerei Uwe Nolte, Iserlohn

Verlag: Verlag an der Ruhr
Alexanderstraße 54 – 45472 Mülheim an der Ruhr
Postfach 10 22 51 – 45422 Mülheim an der Ruhr
Tel.: 0208/439 54 50 – Fax: 0208/439 54 239
E-Mail: info@verlagruhr.de
www.verlagruhr.de

ISBN 978-3-8346-0263-3

geeignet für die Altersstufe 3 **4 5 6 7** 8

Weiterer Titel aus dieser Reihe:

Vorlagen für kleine Lern- und Merkbücher – Zahlen
malen, schreiben, rechnen, falten
Lena Morgenthau
4–7 J., 46 S., A4, Paperback
ISBN 978-3-8346-0262-6
Best.-Nr. 60262

Gedruckt auf chlorfrei gebleichtes Papier.

Die Schreibweise der Texte folgt der neuesten Fassung der Rechtschreibregeln – gültig seit August 2006.

Vorwort

Liebe LeserInnen,

in diesem Buch finden Sie 36 kleine Bücher zum Falten, Ausmalen, Lesen und Vorlesen. Jedes Minibuch ist einem Buchstaben des Alphabets zugeordnet. Darüber hinaus gibt es auch Minibücher zu verschiedenen Umlauten (Ä, Ö, Ü), Diphthongen (Au, Ei, Eu) und mehrgliedrigen Graphemen *(Sch, Ch, Sp, St)*. Die Minibücher enthalten jeweils eine kleine Geschichte, die den Buchstaben besonders häufig enthält. Auf den Bildern gibt es viel zu entdecken. Viele Details beginnen mit dem gefragten Buchstaben – so werden die Kinder aufgefordert, noch weitere Wörter mit dem Buchstaben zu finden.

Was kann ich mit den Minibüchern fördern?

- Laut-Buchstaben-Zuordnung trainieren;
- Anlaute erkennen;
- ähnlich klingende Buchstaben unterscheiden;
- einfache Sätze lesen und passenden Bildern zuordnen;
- Wörter aus einem Text heraussuchen, die den Laut bzw. Buchstaben enthalten – als Anlaut, Auslaut oder Inlaut;
- erste kleine Texte lesen und anderen vorlesen.

Wie setze ich die Minibücher am besten im Unterricht ein?

Die Minibücher können Sie bei vielen Gelegenheiten einsetzen, z.B.

- in der Freiarbeit;
- in der Wochenplanarbeit;
- zur Differenzierung für lesestarke Kinder (Anfang Klasse 1) oder leseschwache Kinder (Anfang Klasse 2);
- in den freien Lesezeiten und Lesestunden;
- für das Üben zu Hause.

Die Kinder falten das Büchlein, lesen die Geschichte und malen die Bilder aus. Wenn Sie die Minibücher zum ersten Mal einsetzen, sollten Sie sie zuvor einmal gemeinsam mit allen Kindern falten (siehe Anleitung auf S. 7/8).

Zudem enthält jedes Minibuch eine Seite, auf der die Kinder alle von ihnen im Text gefundenen Wörter, die mit dem Buchstaben beginnen, eintragen. Auf der vorletzten Seite tragen die Kinder Personen ein, denen sie das Buch vorgelesen haben. Das können zum Beispiel Mitschüler, Schüler aus anderen Klassen, Geschwister oder Eltern sein. Besonders die leseschwachen Kinder sollten Sie auch regelmäßig selbst auffordern, Ihnen nach einer Vorbereitungszeit ihr Büchlein vorzulesen. So können Sie gezielt und individuell auf eventuelle Leseschwierigkeiten eingehen.
Auf der Rückseite findet sich jeweils zusätzlich eine kleine Motorik-Übung zu dem Buchstaben; die Schreibrichtung ist jeweils mit Pfeilen gekennzeichnet.

Wie bewahre ich die Minibüchlein am besten auf?

Es ist sinnvoll, sich vorher zu überlegen, wo die Kinder ihre Minibücher sammeln und aufbewahren, damit sie nicht überall herumfliegen und kaputt gehen. Am besten ist es, wenn jedes Kind einen kleinen Karteikasten für seine Minibücher anlegt.

Vorwort

Um den Überblick zu behalten, welches Kind bereits welches Minibuch gefaltet, ausgemalt und gelesen hat, bietet es sich an, einen Plan auszuhängen (siehe S. 9/10). Dort kreuzen die Kinder an, welches Minibuch sie bearbeitet haben. Kopieren Sie den Plan vergrößert, und hängen Sie ihn gut erreichbar auf. Angekreuzt wird erst, wenn die Kinder ihr Buch drei anderen Kindern oder Erwachsenen vorgelesen haben. So lernen die Kinder zugleich, Verantwortung für ihr Lernen zu übernehmen und erhalten einen zusätzlichen Anreiz, die Bücher zu lesen.

Zu folgenden Buchstaben finden Sie in dieser Mappe ein Minibuch:

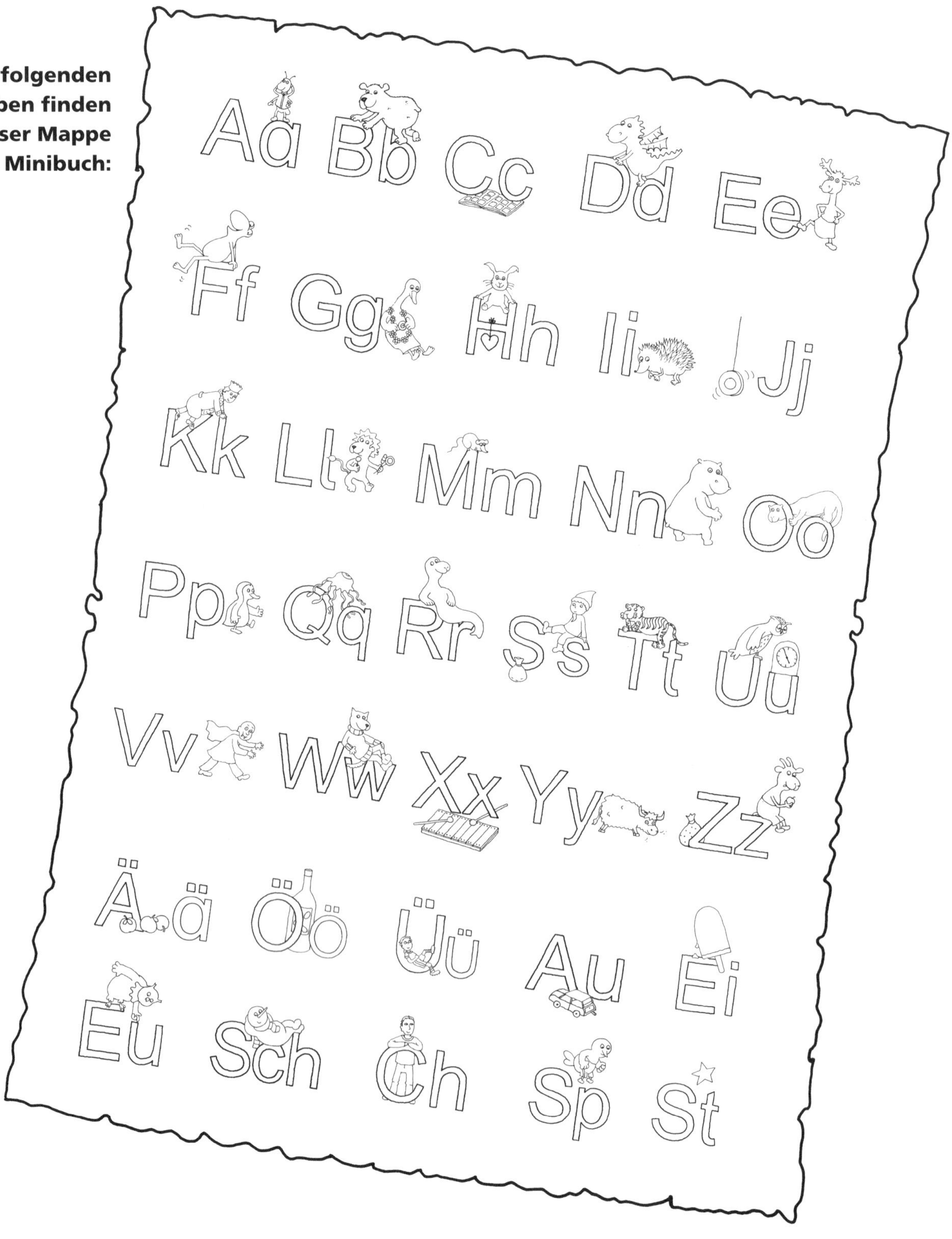

Faltanleitung Lern- und Merkbuch

1.

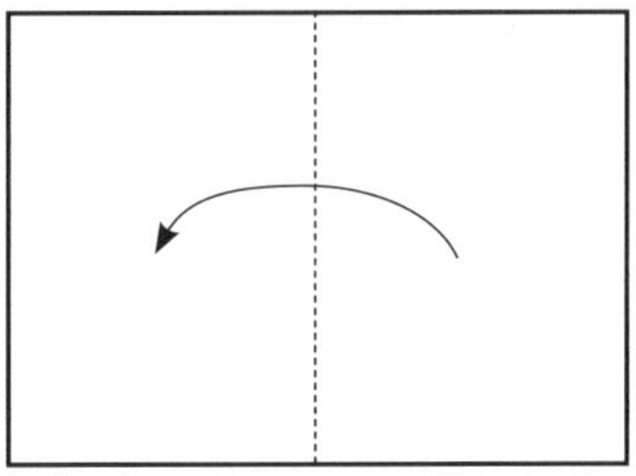

1. Schneide das Büchlein entlang der gestrichelten Linie aus. Lege das Blatt mit der bedruckten Seite nach unten quer vor dich hin. Falte das Blatt in der Mitte. Lege dazu die rechte Kante auf die linke.

2.

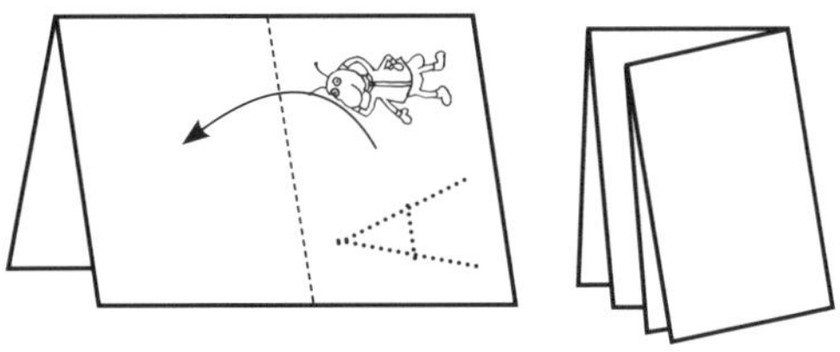

2. Drehe das Blatt wieder ins Querformat, mit der Öffnung nach unten. Falte es wieder in der Mitte, mit der rechten Kante auf die linke.

3.

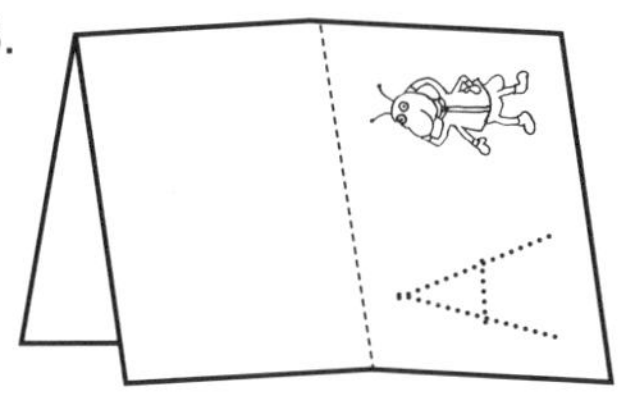

3. Falte das Blatt einmal wieder auf, die Öffnung ist immer noch unten.

4.

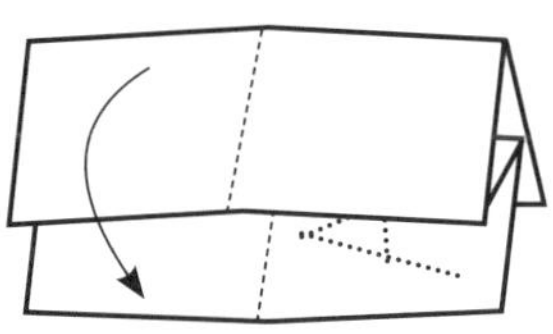

4. Falte nun die Oberkante auf die Unterkante. Klappe dann das Blatt ganz wieder auf und lege es wieder im Querformat vor dich hin.

5.

5. Falte nun die Oberkante auf die Unterkante. Falte die Felder zu einer Zickzacklinie.

6.

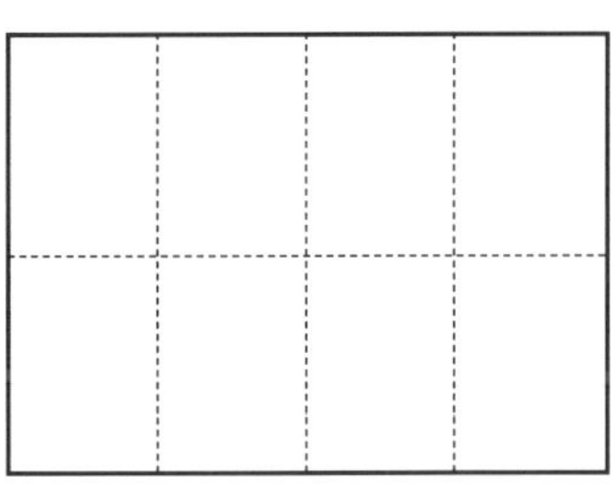

6. Falte das Blatt wieder auf, sodass acht senkrechte Felder zu sehen sind. Die bedruckte Seite ist wieder unten.

Faltanleitung Lern- und Merkbuch

7.
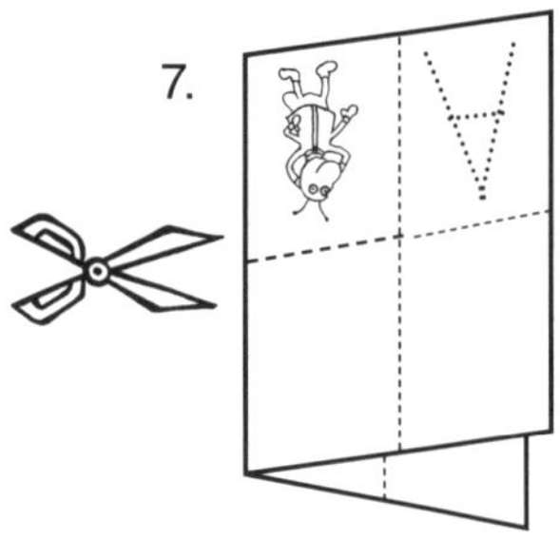

7. Falte den linken Seitenrand auf den rechten. Schneide die Falte in der Mitte entlang der gestrichelten Linie ein.

8.
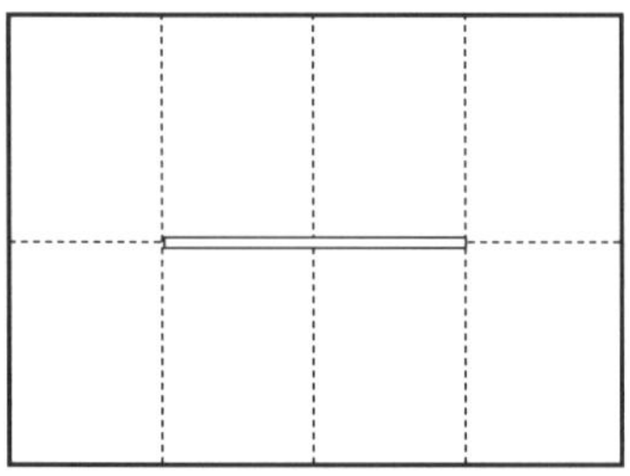

8. Falte das Blatt mit der bedruckten Seite nach unten auf.
In der Mitte ist ein waagerechter Schlitz zu sehen.

9.

9. Falte den oberen Seitenrand auf den unteren.

10.
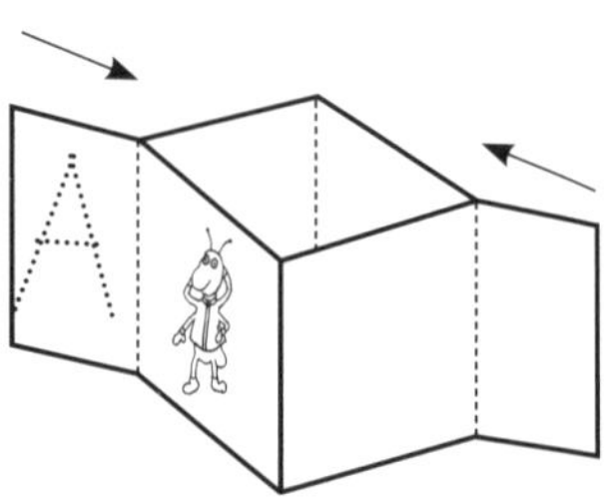

10. Schiebe den linken und den rechten Seitenrand gegeneinander, sodass sich in der Mitte ein Viereck öffnet.

11.
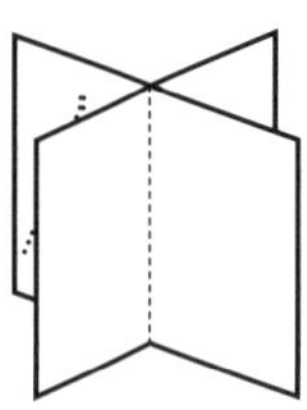

11. Schiebe die Seitenränder weiter zur Mitte, bis die Oberkanten ein Kreuz bilden.

12.

12. Nimm zwei angrenzende Seiten und falte sie so um, dass die anderen innen liegen und das Titelbild oben auf liegt.

Nun kannst du dein Büchlein lesen und gestalten.
Viel Spaß!

Name														
Aa														
Bb														
Cc														
Dd														
Ee														
Ff														
Gg														
Hh														
Ii														
Jj														
Kk														
Ll														
Mm														
Nn														
Oo														
Pp														
Qq														
Rr														

Name														
Ss														
Tt														
Uu														
Vv														
Ww														
Xx														
Yy														
Zz														
Ää														
Öö														
Üü														
Au														
Ei														
Eu														
Sch														
Ch														
Sp														
St														

© Verlag an der Ruhr • Postfach 10 22 51 • 45422 Mülheim an der Ruhr • www.verlagruhr.de • ISBN 978-3-8346-0263-3

angeln abends am See.

Ameisen im Anorak

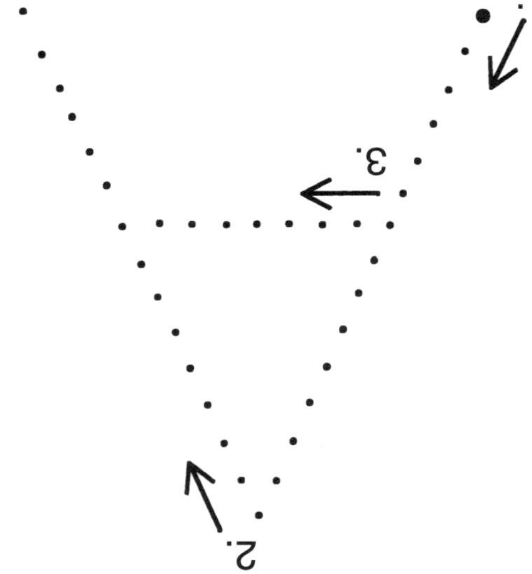

Sie angeln

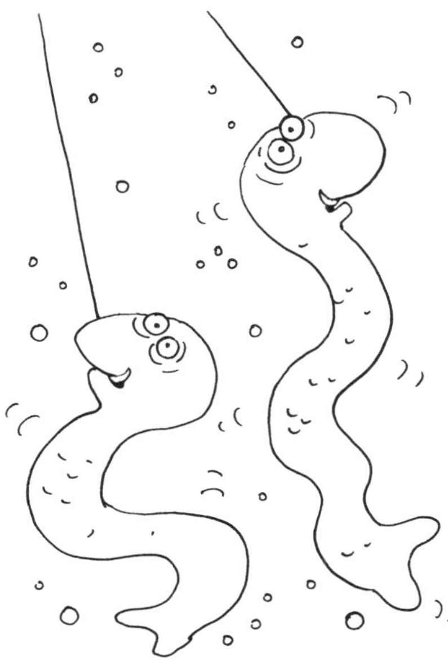

ganz viele alte Aale.

Ich habe das Buch

____

____

____

____

____

____

vorgelesen.

Meine A-Wörter:

____

____

____

____

____

____

____

backt braune Brezel.

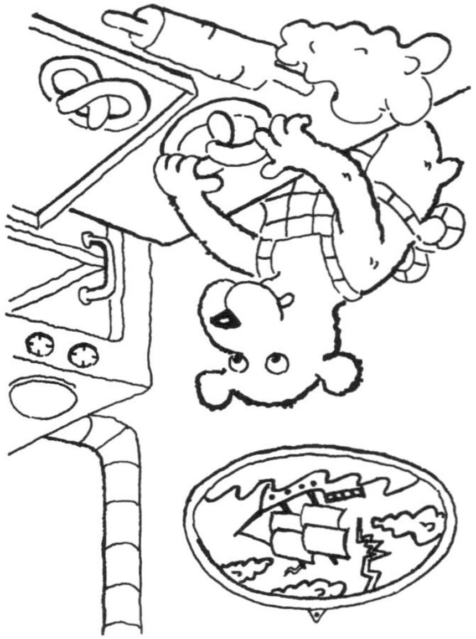

Bernd der Bär

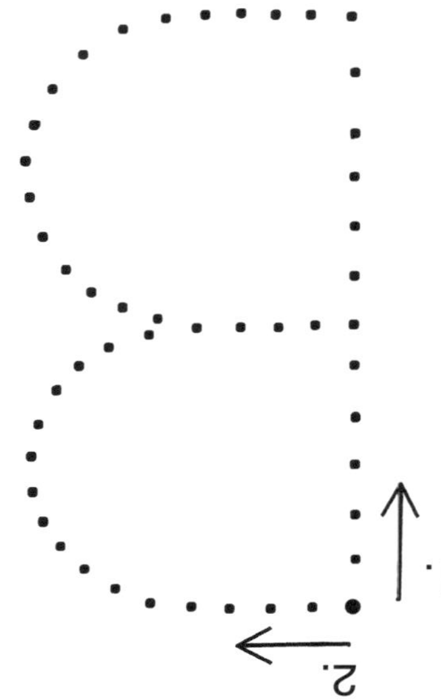

Bernd besucht

seinen Bruder Ben.

Ich habe das Buch

vorgelesen.

Meine B-Wörter:

© Verlag an der Ruhr • Postfach 10 22 51 • 45422 Mülheim an der Ruhr • www.verlagruhr.de • ISBN 978-3-8346-0263-3

© Verlag an der Ruhr • Postfach 10 22 51 • 45422 Mülheim an der Ruhr • www.verlagruhr.de • ISBN 978-3-8346-0263-3

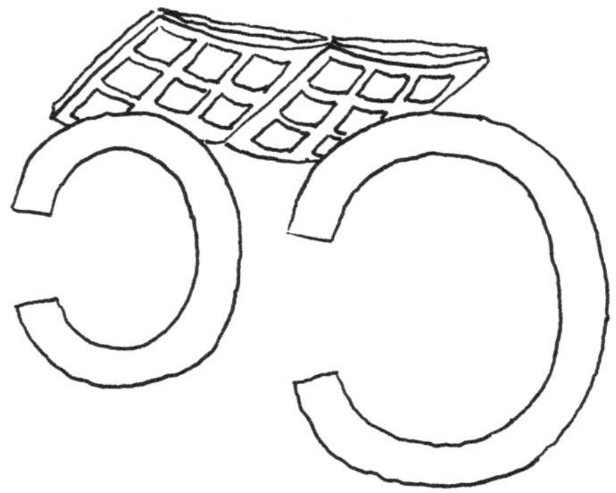

Conny und Caro

mögen Comics.

Heute liest Conni

einen Clown-Comic.

Ich habe das Buch

____

____

____

____

____

vorgelesen.

Meine C-Wörter:

____

____

____

____

____

____

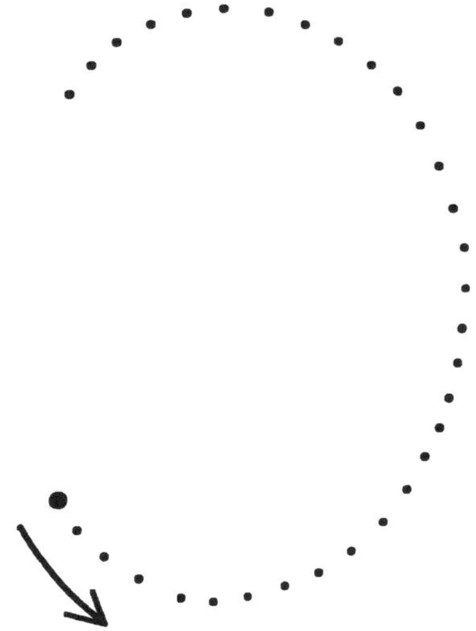

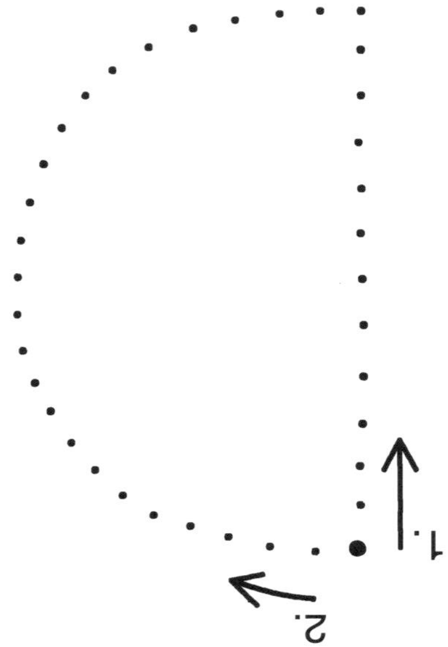

Das ist Drache David.

David duscht,

denn er ist dreckig.

Duscht der Dackel mit?

Ich habe das Buch

____

____

____

____

____

____

vorgelesen.

Meine D-Wörter:

____

____

____

____

____

____

____

© Verlag an der Ruhr • Postfach 10 22 51 • 45422 Mülheim an der Ruhr • www.verlagruhr.de • ISBN 978-3-8346-0263-3

© Verlag an der Ruhr • Postfach 10 22 51 • 45422 Mülheim an der Ruhr • www.verlagruhr.de • ISBN 978-3-8346-0263-3

Ein Esel und ein Elch

essen Erbsen.

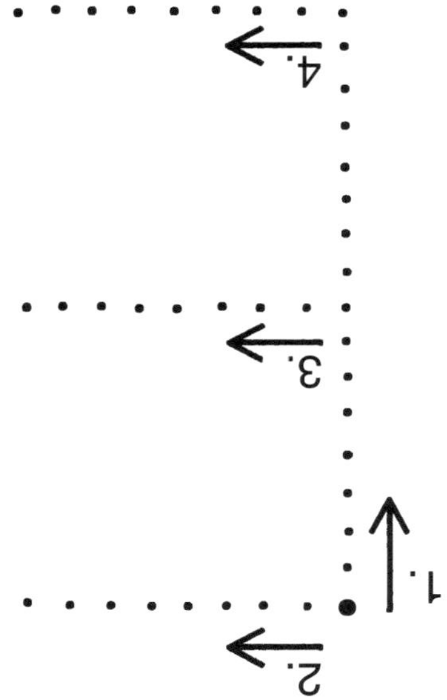

Aber Erbsen mit Erdbeeren

findet der Esel eklig.

Ich habe das Buch

____

____

____

____

____

____

vorgelesen.

Meine E-Wörter:

____

____

____

____

____

____

____

Fünf Frösche

fangen frische Fliegen.

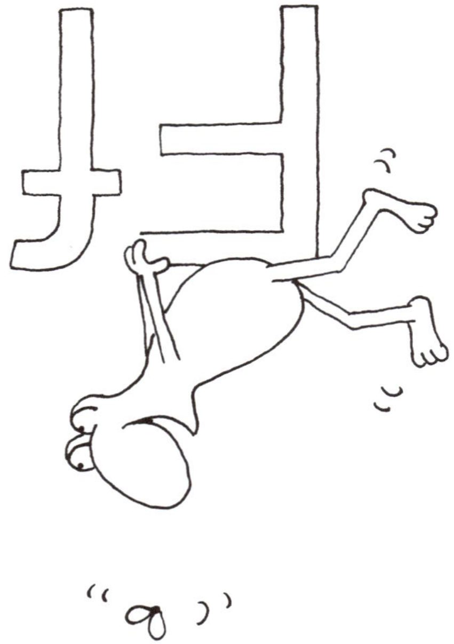

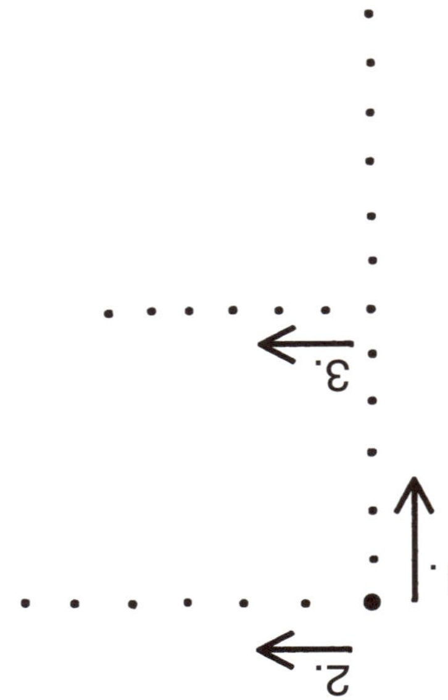

Frosch Felix

fliegt mit.

Ich habe das Buch

vorgelesen.

Meine F-Wörter:

© Verlag an der Ruhr • Postfach 10 22 51 • 45422 Mülheim an der Ruhr • www.verlagruhr.de • ISBN 978-3-8346-0263-3

© Verlag an der Ruhr • Postfach 10 22 51 • 45422 Mülheim an der Ruhr • www.verlagruhr.de • ISBN 978-3-8346-0263-3

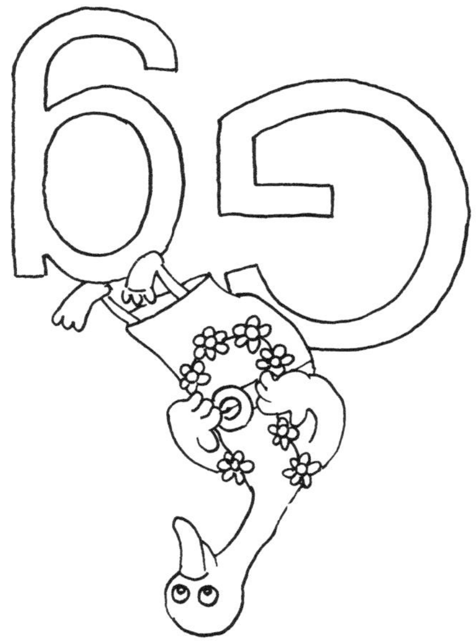

Gabi die Gans

spielt gerne Geige.

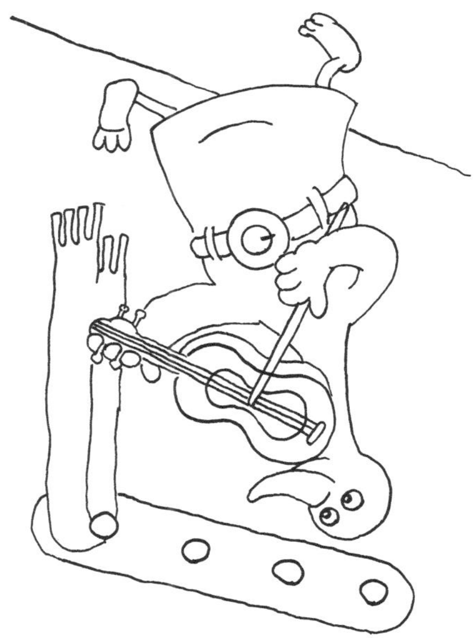

An Gretas Geburtstag

geigt Gabi sehr gut.

Ich habe das Buch

____

____

____

____

____

____

vorgelesen.

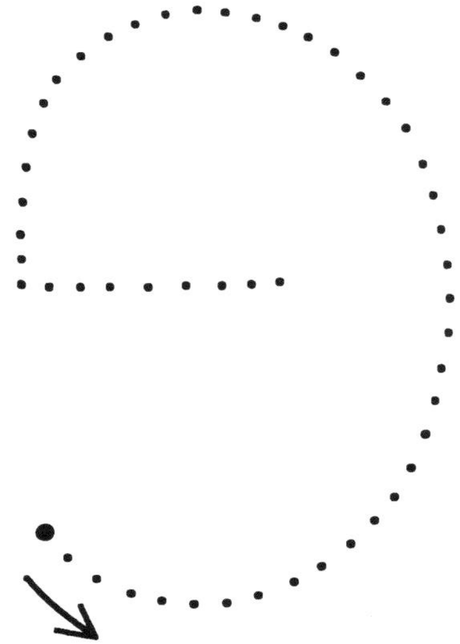

Meine G-Wörter:

____

____

____

____

____

____

____

hoppelt herum.

Hase Hannes

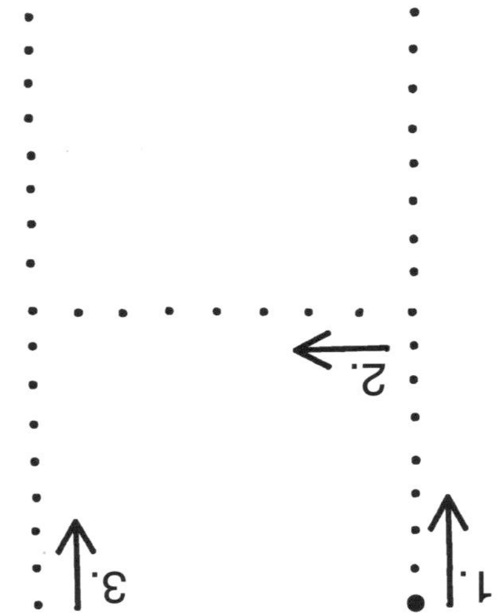

Herr Hummel

holt Heu aus dem Hut.

Ich habe das Buch

____

____

____

____

____

____

vorgelesen.

Meine H-Wörter:

____

____

____

____

____

____

____

© Verlag an der Ruhr • Postfach 10 22 51 • 45422 Mülheim an der Ruhr • www.verlagruhr.de • ISBN 978-3-8346-0263-3

© Verlag an der Ruhr • Postfach 10 22 51 • 45422 Mülheim an der Ruhr • www.verlagruhr.de • ISBN 978-3-8346-0263-3

Igel Igor

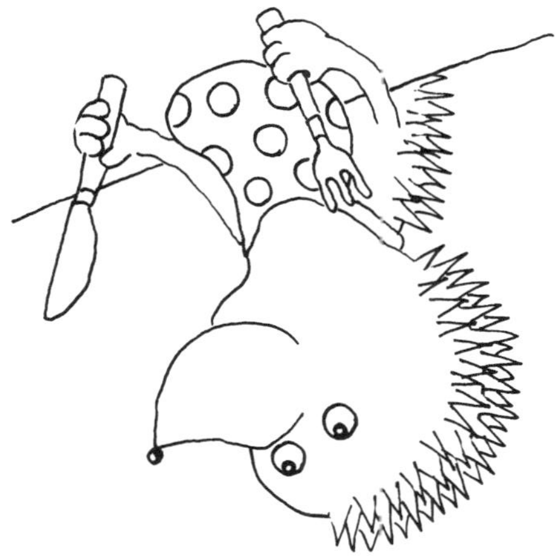

isst immer Insekten.

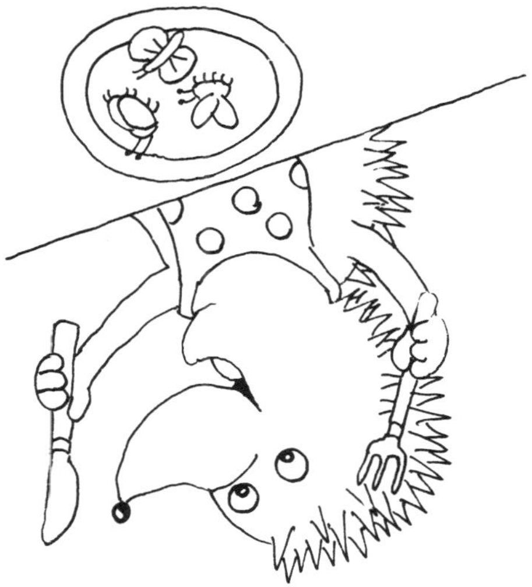

Ina sammelt

Insekten für ihn.

Ich habe das Buch

vorgelesen.

Meine I-Wörter:

Jakob hat ein Jojo.

Jana mag Jakob.

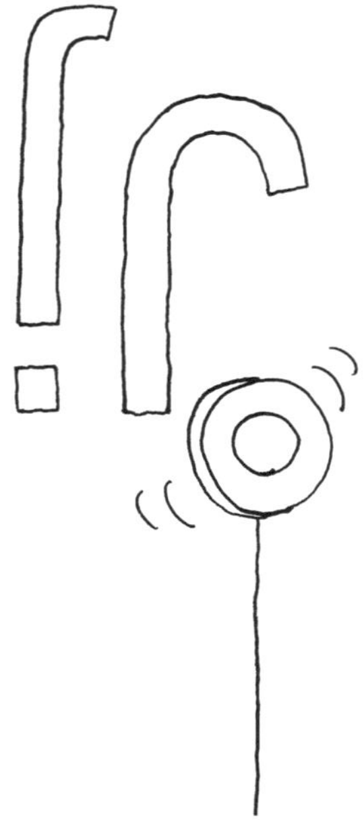

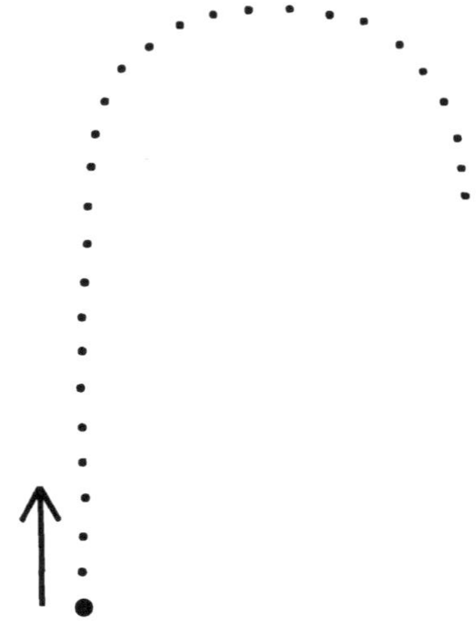

Jana mag Jojos ja auch.

Jeder jubelt.

Ich habe das Buch

____

____

____

____

____

____

vorgelesen.

Meine J-Wörter:

____

____

____

____

____

____

____

© Verlag an der Ruhr • Postfach 10 22 51 • 45422 Mülheim an der Ruhr • www.verlagruhr.de • ISBN 978-3-8346-0263-3

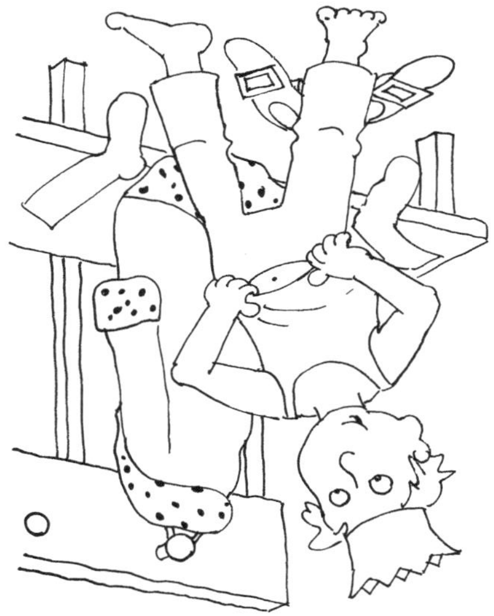

Der König Konstantin

kann Karate.

Aber Kaffee kochen

kann er nicht.

Ich habe das Buch

vorgelesen.

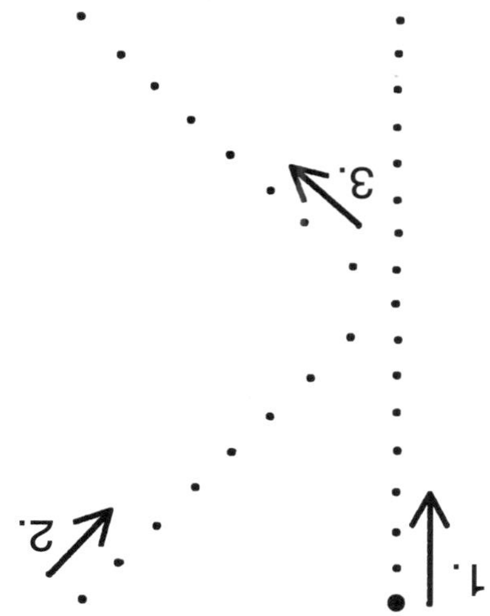

Meine K-Wörter:

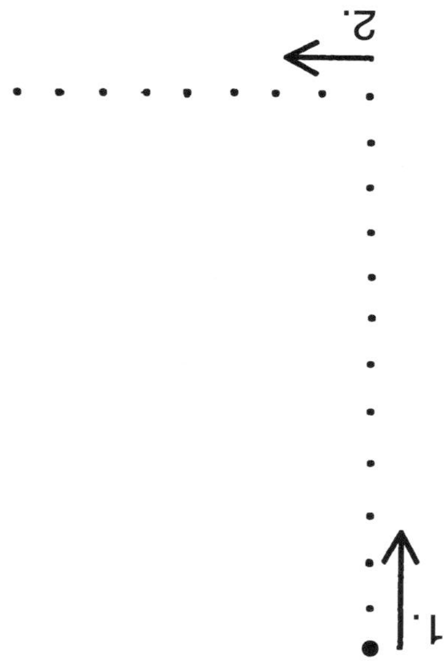

Liebe Löwen

lesen leise.

Oft lesen sie Lustiges

und lachen laut.

Ich habe das Buch

vorgelesen.

Meine L-Wörter:

© Verlag an der Ruhr • Postfach 10 22 51 • 45422 Mülheim an der Ruhr • www.verlagruhr.de • ISBN 978-3-8346-0263-3

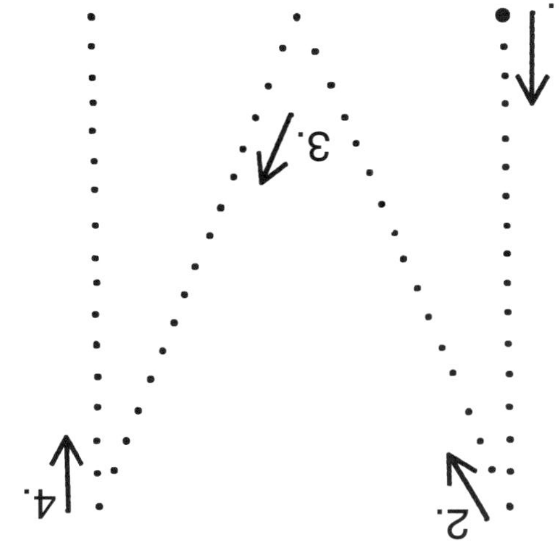

Monster Mattis mag

Milch mit Müsli.

Mittwoch malt Mattis

Möbel an.

Ich habe das Buch

vorgelesen.

Meine M-Wörter:

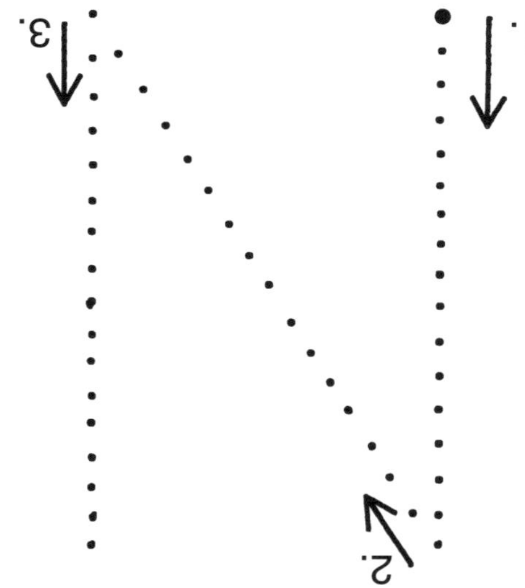

Nette Nilpferde

essen Nudeln.

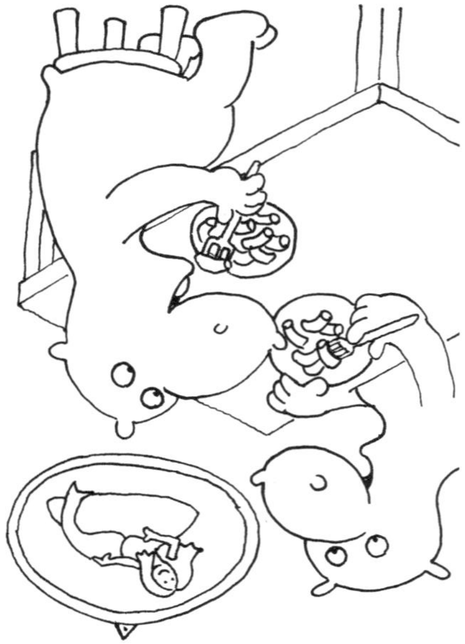

Nach neun Uhr

ist nichts mehr da.

Ich habe das Buch

vorgelesen.

Meine N-Wörter:

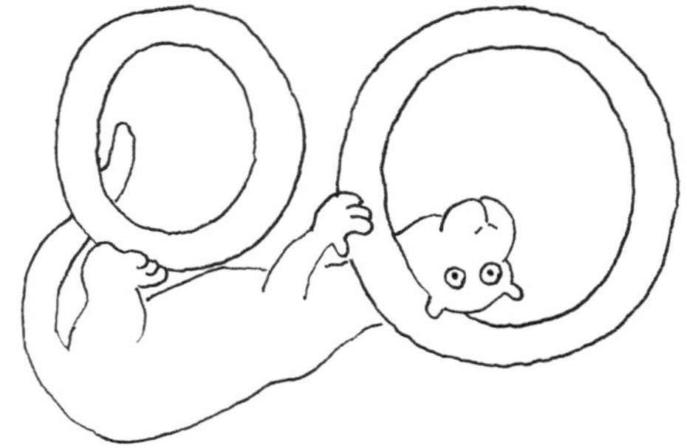

Otter Ole

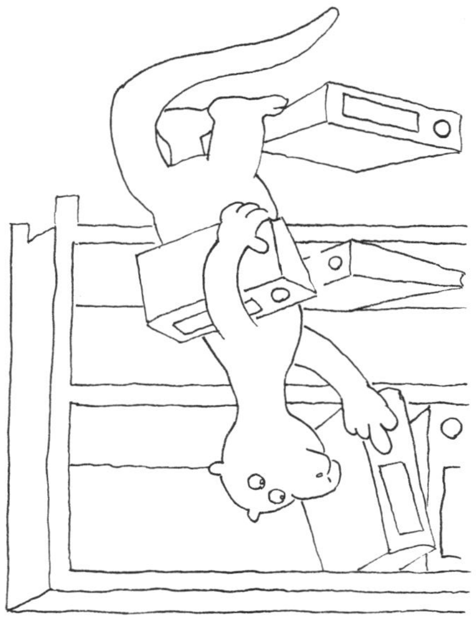

ordnet seine Ordner.

Oles Oma

ordnet Obst.

Ich habe das Buch

____

____

____

____

____

____

vorgelesen.

Meine O-Wörter:

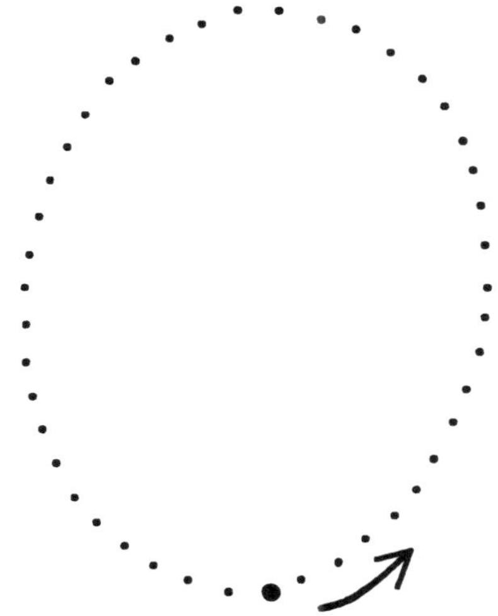

____

____

____

____

____

____

____

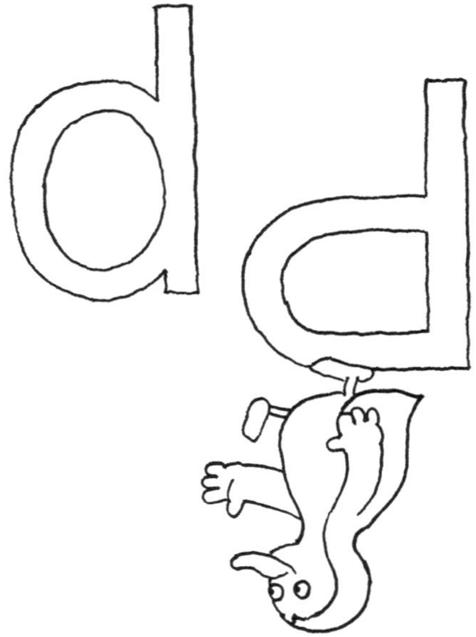

Die Pinguine

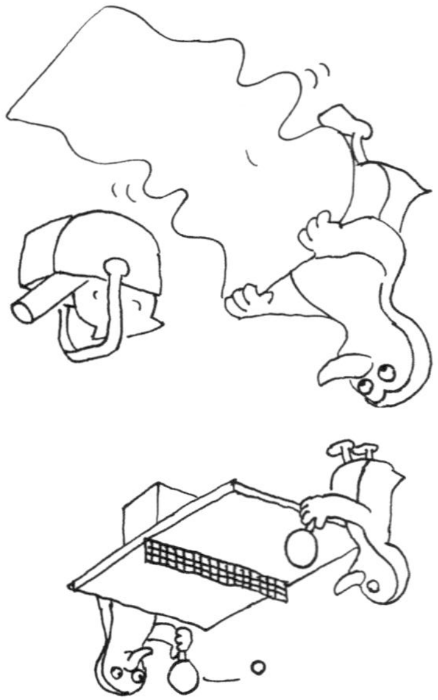

picknicken im Park.

Sie packen Plätzchen

und Popcorn aus.

Meine P-Wörter:

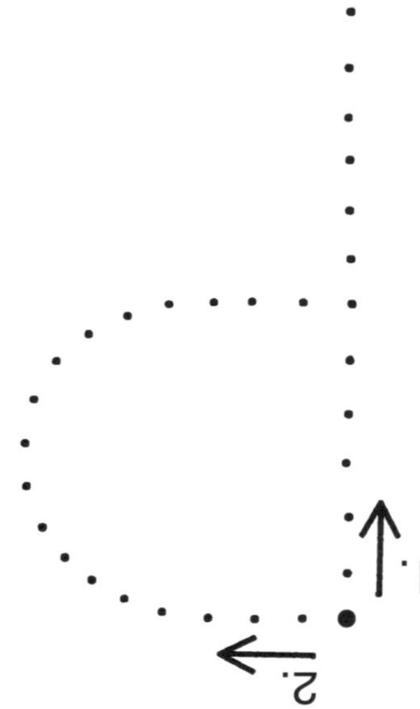

Ich habe das Buch

vorgelesen.

© Verlag an der Ruhr • Postfach 10 22 51 • 45422 Mülheim an der Ruhr • www.verlagruhr.de • ISBN 978-3-8346-0263-3

© Verlag an der Ruhr • Postfach 10 22 51 • 45422 Mülheim an der Ruhr • www.verlagruhr.de • ISBN 978-3-8346-0263-3

Wer quakt da so?

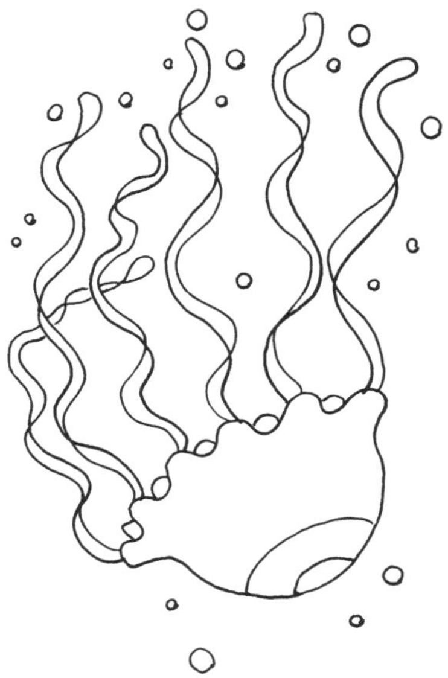

Quak, quak, quak.

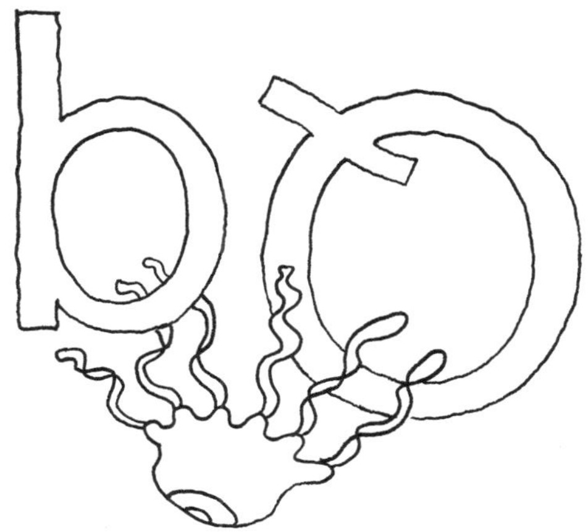

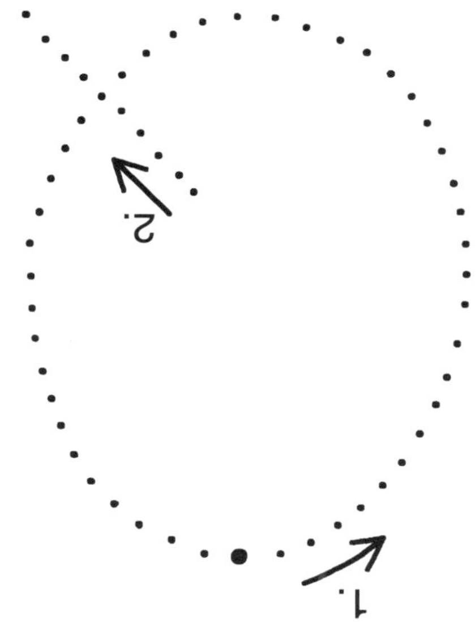

Löst du das Quiz?

Es ist ein Frosch.

Ich habe das Buch

vorgelesen.

Meine Q-Wörter:

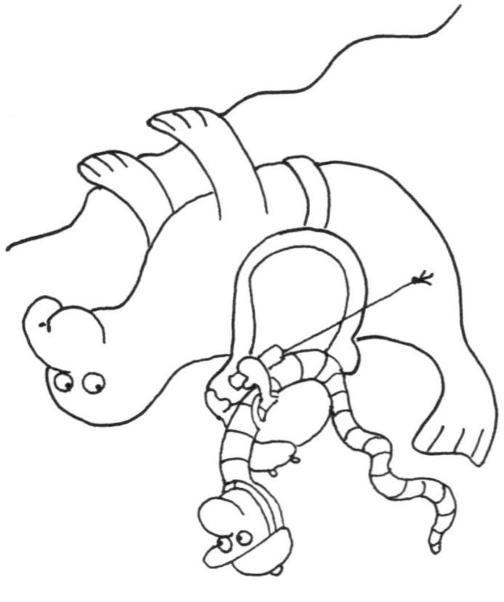

reitet auf der Robbe.

Ronja Regenwurm

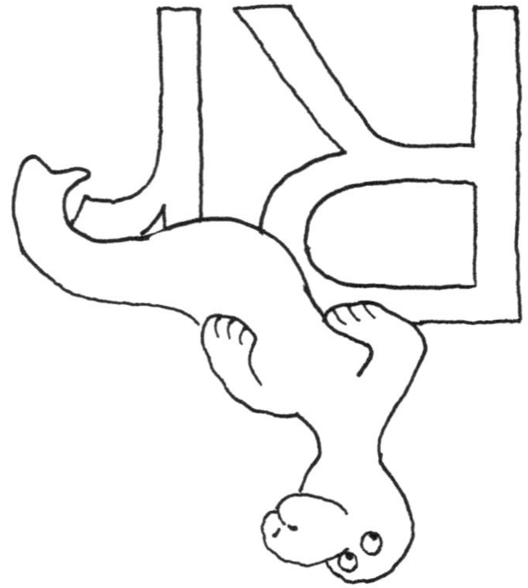

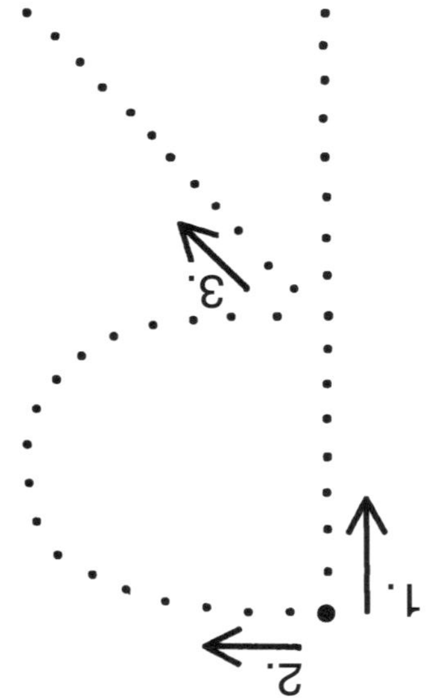

Bei Ronja essen sie

Rosinenbrot.

Ich habe das Buch

vorgelesen.

Meine R-Wörter:

© Verlag an der Ruhr • Postfach 10 22 51 • 45422 Mülheim an der Ruhr • www.verlagruhr.de • ISBN 978-3-8346-0263-3

© Verlag an der Ruhr • Postfach 10 22 51 • 45422 Mülheim an der Ruhr • www.verlagruhr.de • ISBN 978-3-8346-0263-3

Simon Sandmann

sendet seinen Sand.

Sinas Mama

findet das super.

Ich habe das Buch

____

____

____

____

____

____

vorgelesen.

Meine S-Wörter:

____

____

____

____

____

____

____

Tim und Tante Tina

tanzen Tango.

Der Tiger trägt

Tante Tinas Tasche.

Ich habe das Buch

____

vorgelesen.

Meine T-Wörter:

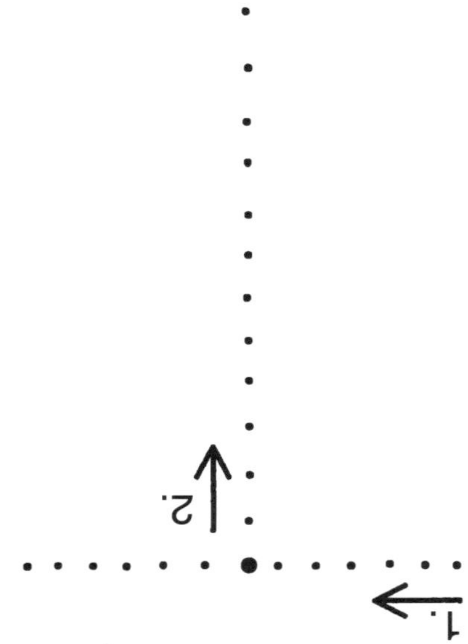

© Verlag an der Ruhr • Postfach 10 22 51 • 45422 Mülheim an der Ruhr • www.verlagruhr.de • ISBN 978-3-8346-0263-3

Ein unheimlicher Uhu

ist unter dem Umhang.

Er hat ulkige

Unterwäsche an.

Ich habe das Buch

vorgelesen.

Meine U-Wörter:

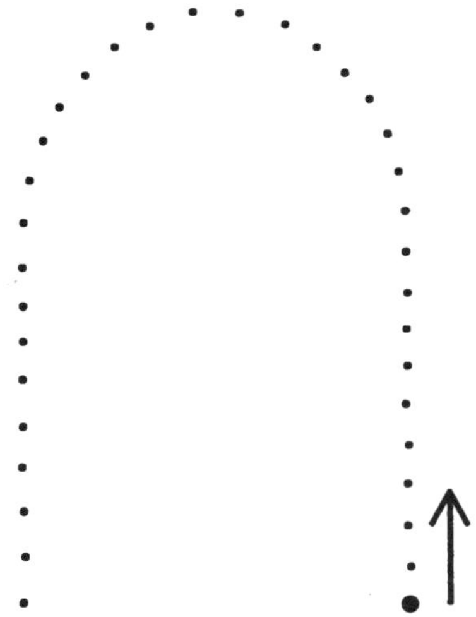

verstecken sich

Vier Vampire

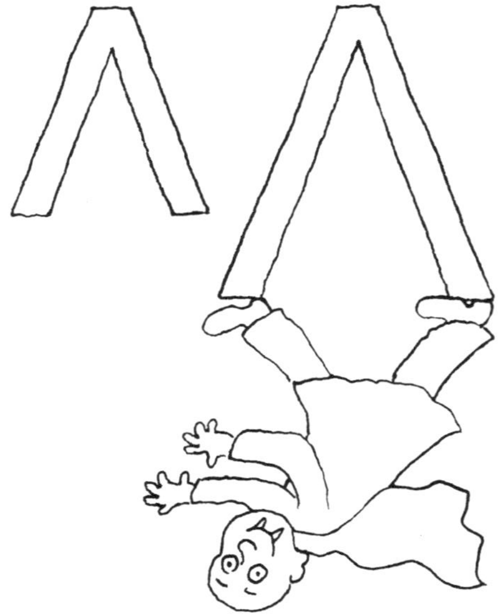

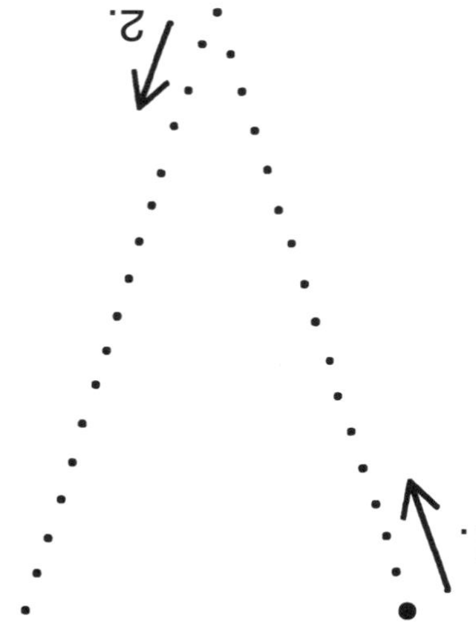

vor verrückten Vögeln.

Ganz tief im Verlies.

Ich habe das Buch

vorgelesen.

Meine V-Wörter:

© Verlag an der Ruhr • Postfach 10 22 51 • 45422 Mülheim an der Ruhr • www.verlagruhr.de • ISBN 978-3-8346-0263-3

Der Wolf

will Wollpullis.

Im Winter will

er es warm haben.

Ich habe das Buch

vorgelesen.

Meine W-Wörter:

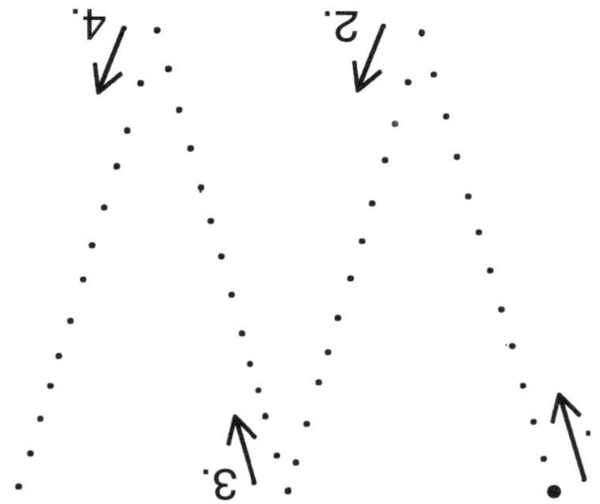

Er trägt Größe XL.

Das ist Xaver.

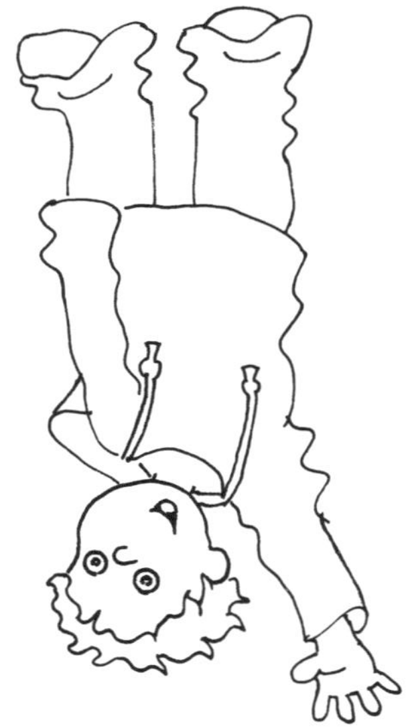

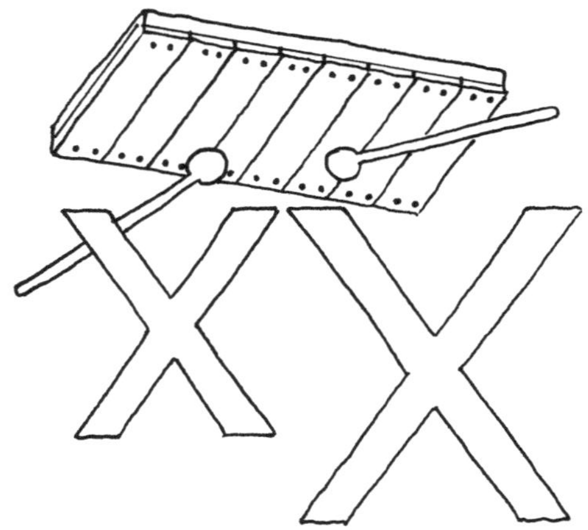

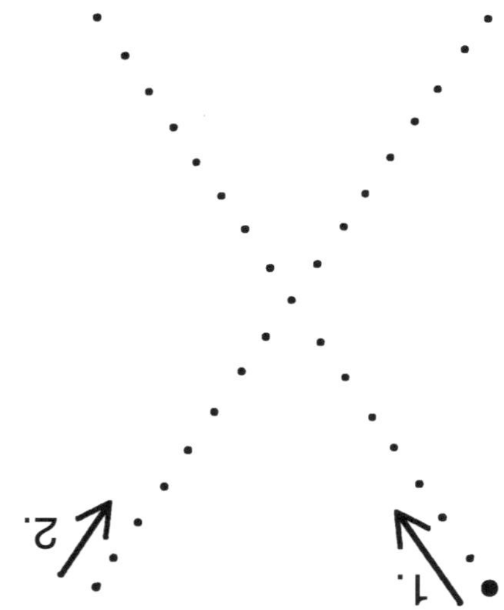

Xaver kann

Xylofon spielen.

Ich habe das Buch

vorgelesen.

Meine X-Wörter:

© Verlag an der Ruhr • Postfach 10 22 51 • 45422 Mülheim an der Ruhr • www.verlagruhr.de • ISBN 978-3-8346-0263-3

© Verlag an der Ruhr • Postfach 10 22 51 • 45422 Mülheim an der Ruhr • www.verlagruhr.de • ISBN 978-3-8346-0263-3

Der Yeti

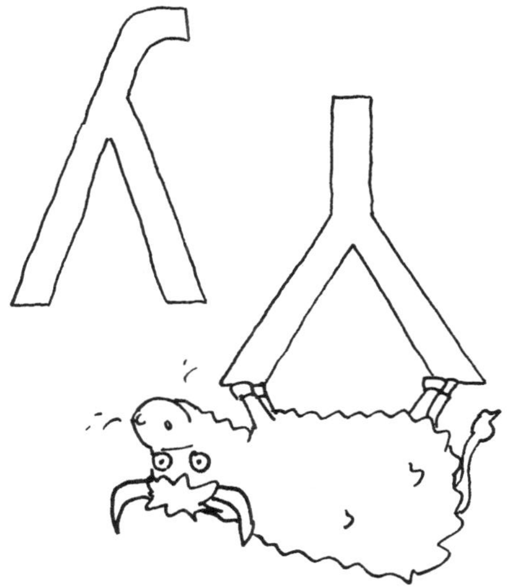

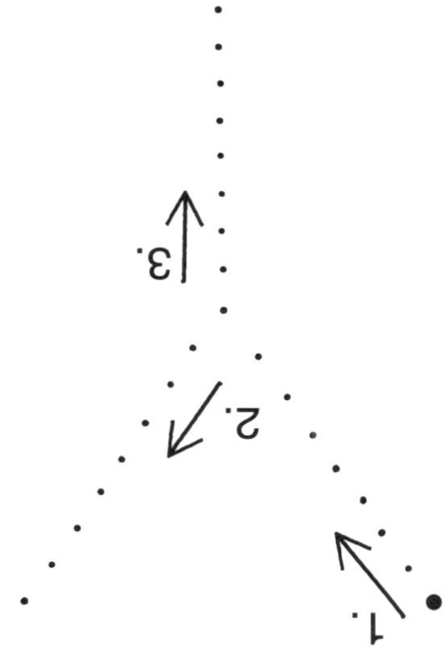

Morgens macht der Yeti

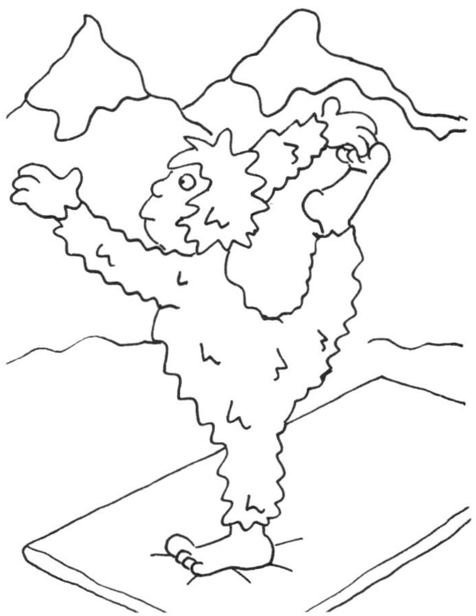

gerne Yoga.

reitet auf dem Yak.

Ich habe das Buch

vorgelesen.

Meine Y-Wörter:

Zehn zottelige Ziegen

ziehen zum Zoo.

Zwei Ziegen

fahren lieber Zug.

Ich habe das Buch

____

____

____

____

____

____

vorgelesen.

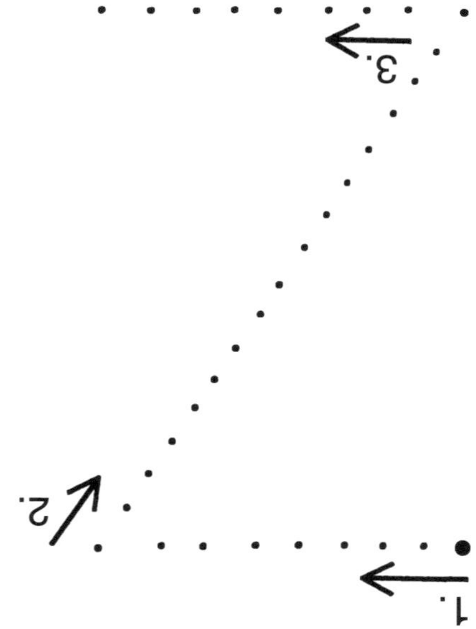

Meine Z-Wörter:

____

____

____

____

____

____

____

© Verlag an der Ruhr • Postfach 10 22 51 • 45422 Mülheim an der Ruhr • www.verlagruhr.de • ISBN 978-3-8346-0263-3

Ältere Äffchen

mögen Äpfel.

Sie ärgern sich,

wenn die Äpfel weg sind.

Ich habe das Buch

____

____

____

____

____

____

vorgelesen.

Meine Ä-Wörter:

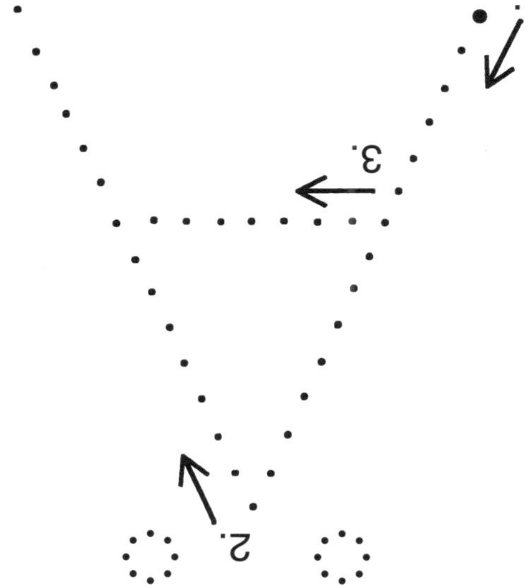

____

____

____

____

____

____

____

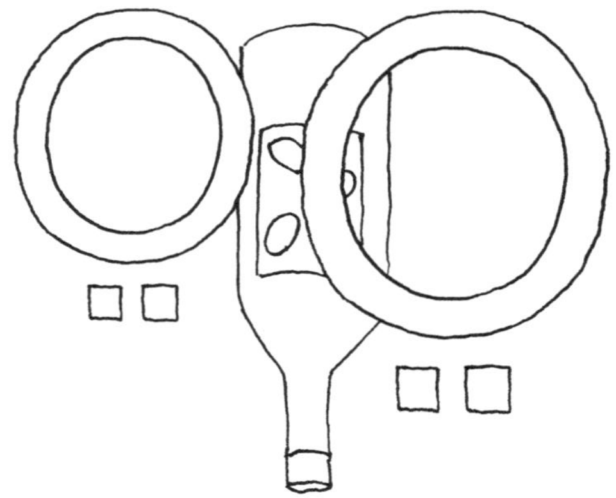

Familie Ölmann

lebt in Österreich.

Sie mögen

frische Öko-Nudeln.

Ich habe das Buch

vorgelesen.

Meine Ö-Wörter:

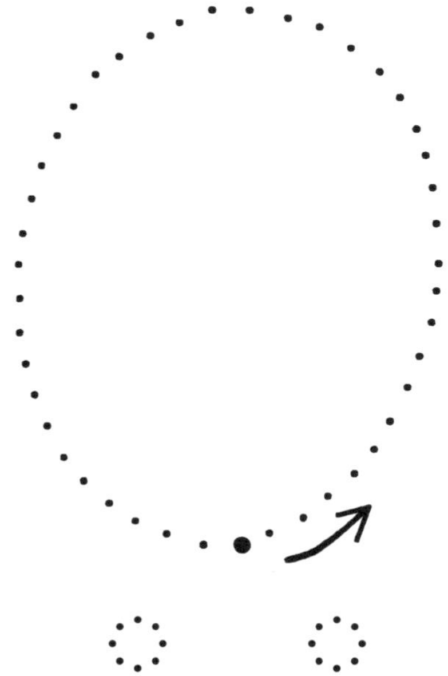

ist überall.

Ümits Fußball

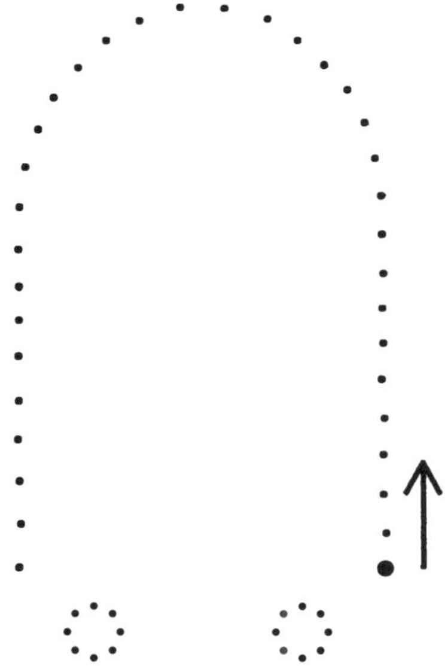

Ünal spielt

überhaupt nicht übel.

Ich habe das Buch

vorgelesen.

Meine Ü-Wörter:

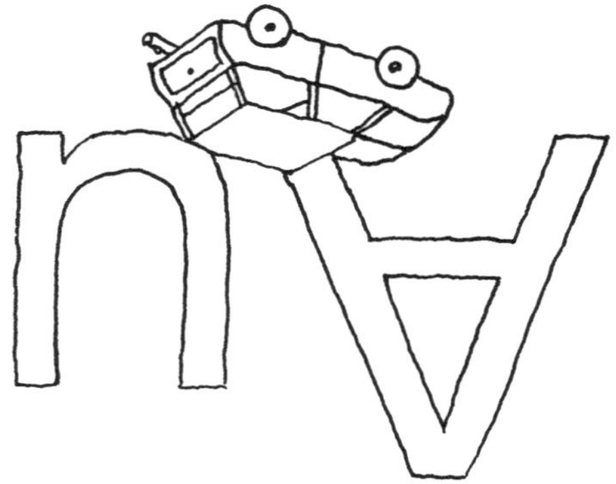

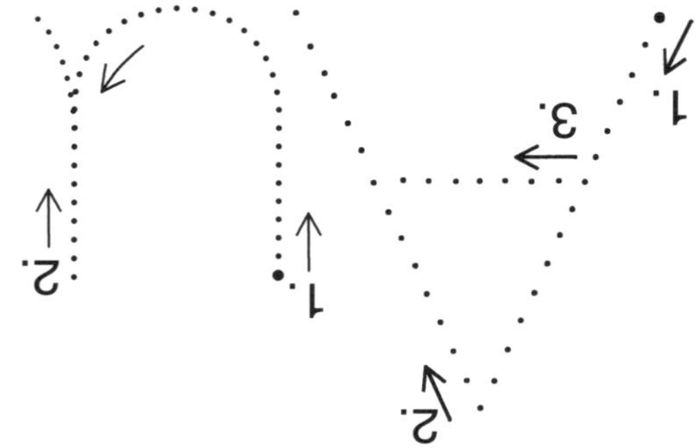

Mein Auto

hat auf dem Auspuff

automatische Knöpfe

zum aufräumen.

Ich habe das Buch

vorgelesen.

Meine Au-Wörter:

© Verlag an der Ruhr • Postfach 10 22 51 • 45422 Mülheim an der Ruhr • www.verlagruhr.de • ISBN 978-3-8346-0263-3

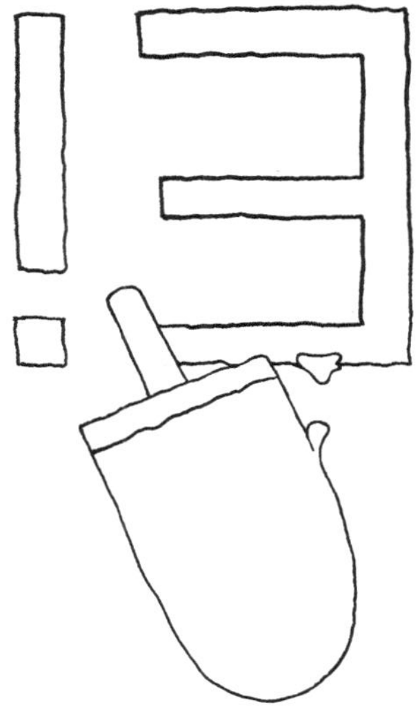

Ein Eisbär

isst ein Eis.

Eifrig sucht er

seine Eisscholle.

Ich habe das Buch

vorgelesen.

Meine Ei-Wörter:

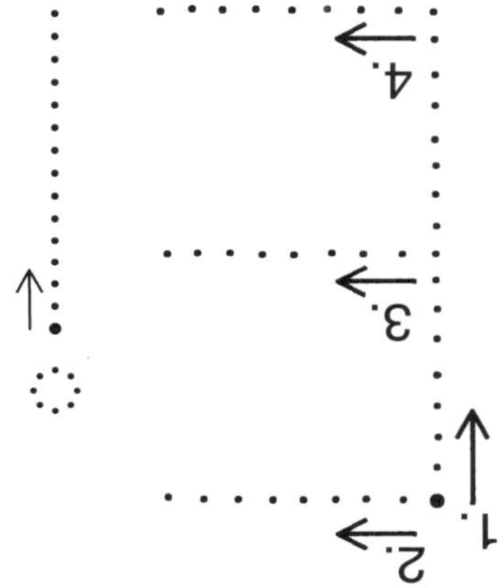

kommt aus Europa.

Eure Eule

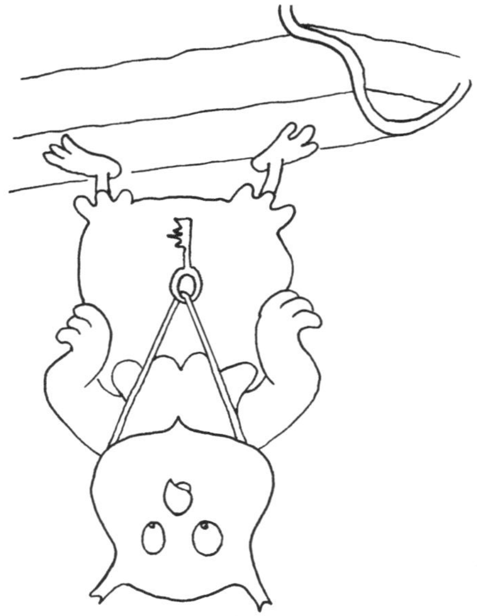

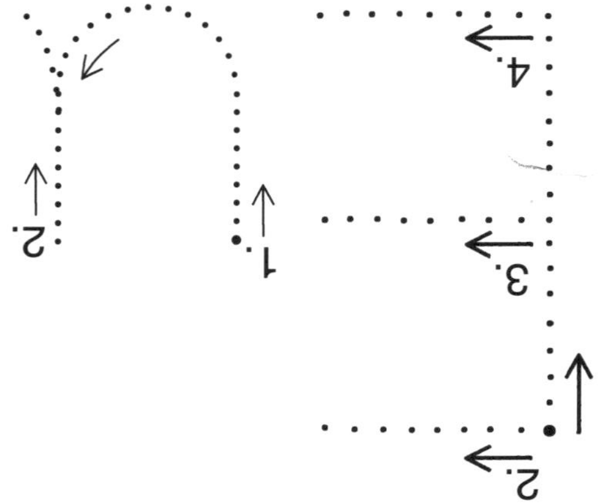

Treu bewacht sie

eure teuren Euros.

Ich habe das Buch

vorgelesen.

Meine Eu-Wörter:

 • ISBN 978-3-8346-0263-3

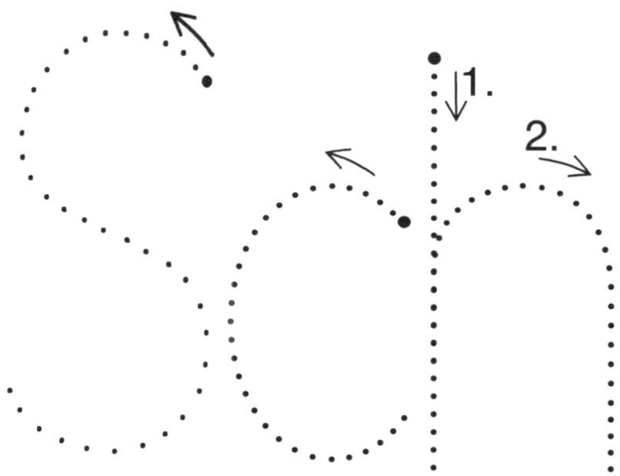

Der Schneemann

liebt den Schnee.

Die Sonne scheint.

Er schmilzt schnell.

Ich habe das Buch

vorgelesen.

Meine Sch-Wörter:

liebt Chips.

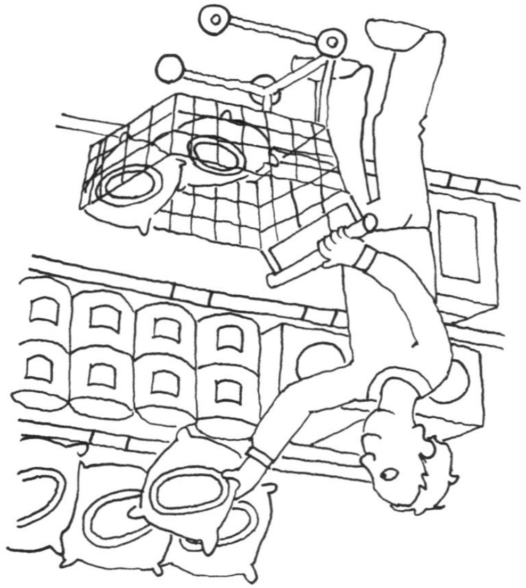

Chung der Chinese

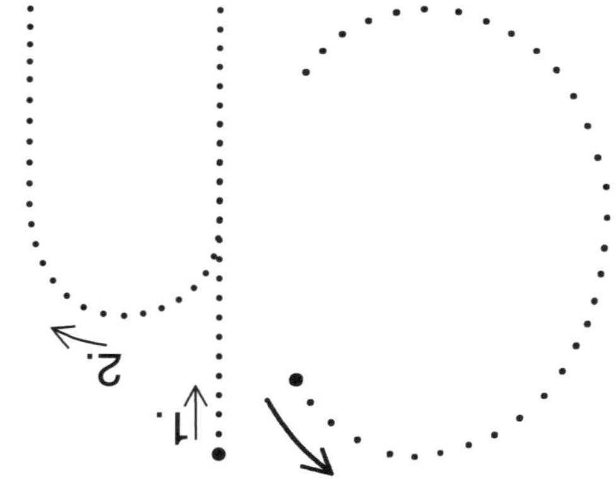

Chung singt

mit Chris im Chor.

Ich habe das Buch

vorgelesen.

Meine Ch-Wörter:

 ISBN 978-3-8346-0263-3

Die Spatzen

machen Spagat.

Nach dem Sport

essen sie Spagetti.

Ich habe das Buch

vorgelesen.

Meine Sp-Wörter:

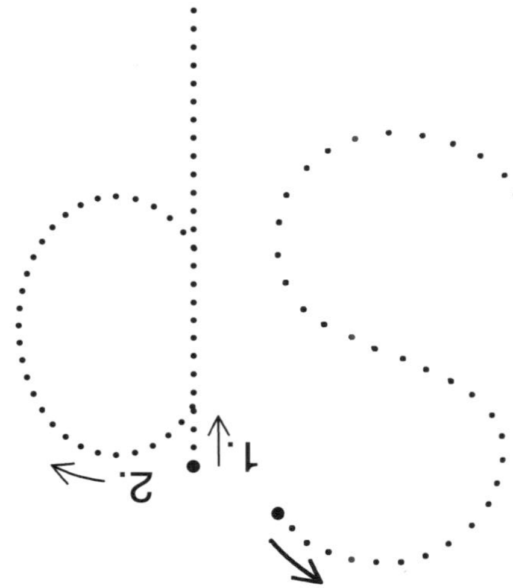

in den Stall.

Steffi geht

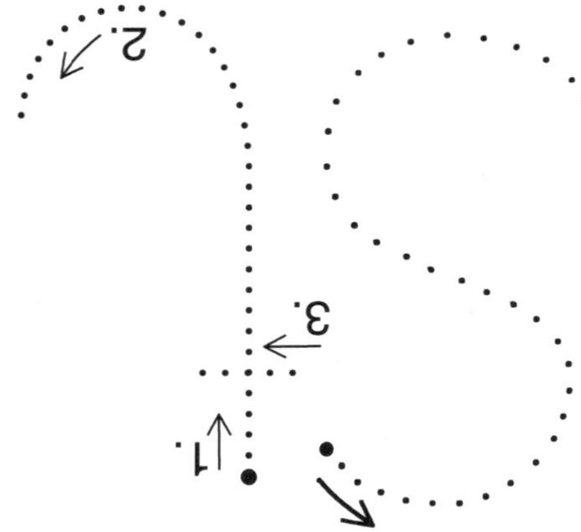

Steffi streichelt

die struppige Stute.

Ich habe das Buch

vorgelesen.

Meine St-Wörter:

© Verlag an der Ruhr • Postfach 10 22 51 • 45422 Mülheim an der Ruhr • www.verlagruhr.de • ISBN 978-3-8346-0263-3